कृष्णमाया

खुशबू मिश्रा

क्रम-सूची

क्रम-सूची

क्रम-सूची

संपादक के बारे में

नाम:- डॉ. सुनील पाटिल

जन्म:- नीमच (मध्यप्रदेश)

मात्रभाषा: - मराठी

शिक्षा:- एम. ए. (हिंदी), एम.फिल. (हिंदी), बी.ए. (हिंदी), पीएच.डी. (हिंदी)

तकनीकी शिक्षा: अनुवाद एवं पत्रकारिता में स्नातकोत्तर डिप्लोमा

संप्रति: हिंदी परवक्ता, द्वारकादास गोवर्धनदास वैष्णव कॉलेज (सायं) , चेन्नई -600106.

भाषाओं का ज्ञान:- हिंदी, हिंदी,तमिल,अंग्रेजी

सम्मान:3

• वर्ष 2016 लायंस क्लब इंटरनेशनल पेरिमेड द्वारा बेस्ट टीचर

अवार्ड प्राप्त ।

.

विलक्षाणा एक सार्थक पहल समिति अजायब (हरियाणा) द्वारा विलक्षणा शोध रतन सम्मान -2021
विलक्षाणा एक सार्थक पहल समिति अजायब (हरियाणा) द्वारा आचार्य चाणक्य सम्मान-2021
- बोहल शोध मज्जूषा द्वारा इन्टरनेशनल टीचर्स प्राइड अवार्ड 2021

- एम.ए. (हिंदी) स्वर्ण पदक प्राप्त (उब शिक्षा और शोध संस्थान, दक्षिण भारत हिन्दी प्रचार सभा की चारों शाखाओं में प्रथम)
- राष्ट्रीय एवं अन्तर्राष्ट्रीय पत्र-पत्रिकाओं में शोधलेख प्रकाशित

ई-मेल : sunilpatil7969@gmail.com

लेखक के बारे में

Ms. KHUSHBOO MISHRA
|1999
Ms. Khushboo Mishra . The most
adorable devotee
with the golden heart to feel the most
unfelt
part
of divine love. Always carrying the
charm within...,
she never favoured hatred in any form.
Her life has

just one meaning according to her that
she actually
proves every hour by being only of
Krishna. Far
from every worldy pain her belief is that
no matter
how much you are suffereing in your
daily life, you
are just one step behind of that faith
where
Krishna can become your everything.
Never
leaving the side of any of her dearest
..., her
writeups are those silent words of soul .

1. 1.प्रभाकर कृष्ण

मन परसी कृष्ण
चरण तिहारी।
शोभे जिनपर मोर
मुकुट संग पीताम्बरी।
मैंने परस्यो मन
जिनके चरणों में वो नत्तखत कान्हा
जिनपर जाऊं मैं बलिहारी।
गोकुल की गोपियां जिन्हें
प्रेम से बुलावत है कृष्ण मुरारी।
लीला रचाई पनघट पर
मार उपल तोड़ी गगरी प्यारी।
गोपियों ने कान्हा को धर
यशोदा मैया से शिकायत लगा ली।
किशन की लीला ने
मेरो चित लुभा ली।
भावे मोहे वो श्याम
जो है राधा के स्वामी।
मेरा श्याम सब जानता है
क्यूंकि वो है अन्तर्यामी।
मुरली की धुन पर मैं तो वारी।
मुरलीधर की मुरली पे
गोपियां अपना चित हारि।

2. पीर पहल

मां तुम किस समाज की बातों में आती हो।
खुदकी बेटी को नहीं जानती हो।
ये तो तेरे फटे कपड़ों पर भी हस्ते है।
जो तूने पहने नए कपड़े ये तो उससे भी जलते है।

खुद के गिरेबान में झांकें बिना ये तुझ पर उंगली उठाएंगे
मां ये समाज है बिन बात के भी ये तुझको नीचे गिराएंगे।
दोगला समाज है गिरगिट की तरह रंग दिखाएंगे।

मां ये वही समाज है जो बेटी बचाओ बेटी पढ़ाओ के नारे
लगाएंगे।
और बेटी होने पर उसका गर्वपात करवाएंगे।
दहेज परहेज है कह कर खूब वोट कमाएंग।
फिर मेरा बेटा डॉक्टर है यह कह कर खूब दहेज ले जाएंगे।
बेटों को खुला जानवर बनाएंगे
बेटी को बचाव तक न सिखाएंगे।
ये दोगला समाज है यह गिरगिट की तरह रंग दिखाएंगे।
बलात्कारी को सजा ना दिलवा कर
गवाही को भी यही डराएंगे।
खुद की बेटी पर आए तो सबसे लड़ जाएंगे।

बनता है समाज हमसे और आपसे

फिर क्यूं हम दुनिया की बातों में आ जाएंगे।

3. जैसे बिन प्राण शरीर वैसे

जैसे बिन प्राण शरीर वैसे
आपके बिन हम हो जाएंगे।
जीजी मां आप न हुई साथ हमारे
तो हम अकेले कैसे चल पाएंगे।
छवि पाई है हमने आप में अपने कृष्ण की
आपने हमें न अपनाया तो हम कहां जाएंगे।
जैसे बिन प्राण शरीर हम वैसे हो जाएंगे।
मीलों दूर होकर भी नहीं है
आप हमसे जुदा।
आपने हमेशा एसे समझा हमे
जैसे अपने बच्चों को समझता होगा खुदा।
आप ने दिया ना जन्म हमे
फिर भी हो आप हमारी मां जसुदा।
आप न होते साथ हमारे
तो इस भीड़ भरी दुनियां में हो जाते हम गुमशुदा।
अधूरे है आपके बिना हम जैसे अधूरा है
कृष्ण बिन मां यशोदा।
मां को सर्वश्रेष्ठ स्थान दिया गया है
उनके लिए चित में प्रणय का
सबसे अलग स्थान बना हुआ है।

4. हे कृष्ण मोहे कछु न भाए।

हे कृष्ण मोहे कछु न भाए।
उत्तुंग- उत्तुंग महल,
इब मोहे न सुहाए।
रंग बिरंगी चूड़ी नहीं,
मोहे श्याम रंग रही लुभाए।
जब से हमने प्रीत
तोह संग लगाए।
जग मोहे पागल
रही बुलाए।
न मईया माने न बबूल सुने
पीर वक्षस्थल की कौन सुन पाए।
कहत मोहसे इब ये गोष्ठी
वो प्रभु है उनसे कहे रही तू दिल लगाए।
प्रियतम माना मैने तोहे समर्पित जीवन तुझ पर
अब ये इनको कोन समझाए।
प्रेम के पथ पर चलत चलत
हम दुश्मन रहे बनाए।
हे कृष्ण अपनों ए साथ चोड़ा
आप बिन अब कोन हमे अपनाए।

5. मैं उड़ती तितली सी

मैं उड़ती तितली सी
वो स्थिर फूलों सा
मैं नादान थी
वो समझदार था।।
मैं पानी सी
वो आग सा
मै सपनों सी
वो ख्वाब सा
मैं पंछी सी
वो पेड़ सा
मैं नटखट थी
वो भोले नम्र सा
मैं पानी की लहरों सी
वो पानी में ठहराव सा
मैं कंकर सी
वो चट्टान सा
मैं बाती थी
वो दिया था
मैं उसकी सुई थी
और वो मेरा धागा था

6. तीव्र गति से चलने वाली

तीव्र गति से चलने वाली
श्वासें भी रुक जाती है
जब मोहन की मुरली
यमुना तट पर बज जाती है।
मग्न हो कर काम कर रही
गोपियां भी अपना सुध बिसरती है।
यमुना मईया भी स्थिर होकर
बंसी की धुन में खो जाती है।
प्रेम की धुन बजाती बंसी
न जाने किसको बुलाती है
अरे सुनो ध्यान से
ये तो राधे रानी को गुनगुनाती है।
यह बंसी की धुन
सबका चित हर ले जाती है।
प्रेम में लीन मीरा को भी
ये श्याम से मिलवाती है।
यह भी लीला श्याम की है
जो मुरली भी सबको अपना बनाती है।
हे श्याम तेरी मुरली भी
तेरी तरह सबको प्रेम से पुकारती है।

7. उम्र थीं खेलने की उसकी गुड़िया संग

उम्र थीं खेलने की उसकी गुड़िया संग
नियति उसके साथ खेल खेल गई।
छोटी सी उम्र में
अपने पिता के उम्र की पत्नी बन गई।
चॉकलेट की जिद करने वाली गुड़िया
अब घर गृहस्थी में लग गई।
किसको सुनती अपनी पीड़ा
अपने माता पिता से भी अब उसको नफरत हो गई।
कुछ अरमान न जान पाई
किसीको अपना न समझ पाई
सम्मान क्या है जीवन भर न समझ पाई।
मानो जैसे उसका जीवन ही दरिंदो के नाम था
गली गली में उसका नाम बदनाम था।
जवान होने भी न मिला
विधवा का रूप धरा दिया
ये कैसा इंसाफ हुआ
जो एक नारी ने नारी के सम्मान को
नीलाम कर दिया।
रंगों में खेलने की उम्र में
उसका जीवन बेरंग कर दिया।

आंसू सुख गए आंखो से
मन को अब उसने समझा दिया
न भरा पेट इतना कर के भी
अब उसको कोठो पर नीलामी के लिए छोड़ दिया।
मृत्यु हो ही छुकी थी उसकी अब तो
अब उसमें केवल प्राण शेष रह गया।
प्रति दिन उसका बदन
दरिंदो द्वारा शिकार होता गया।
कोन समझे कोन जाने यहां हर कोई
अपना मतलब निकलता गया।
बचपन ख़तम जवानी न रही एक दिन
उसका शरीर भी दहन हो गया।
पूछता कोन गलती किसकी थी
जिसे पूछना था वो तो अब हमेशा के लिए खामोश हो
गया।

8. चढ़ गया मोहे श्याम रंग

चढ़ गया मोहे श्याम रंग
अब यह प्रेम न होय किसी और संग
प्रेम की पीड़ा में दर्द छुपा है
ये पीड़ा हर किसीको कहां मिला है
फोन के जमाने में
हमारी उनसे पत्र से बात होती है
बिन मिले ही हमारी
उनसे कई मुलाकात होती है
पवित्र होता है बंधन प्रेम का
ये वो केसे समझेगा जो भूखा है जिस्म का
प्रेम जिस्म से नहीं रूह से की जाती है
किन्तु ये बात जमाने को कहां समझ आती है।
होता है ढाई अक्षर प्रेम कितना पवित्र
यह जाने कौन ढाई अक्षर वाले कृष्ण के अतिरिक्त
मन मंदिर में मेरी श्याम की तस्वीर हुई
मैं तो श्याम नाम की अधीर हुई।

9. आंगन को पुहुपु से सजा दूंगी

आंगन को पुहुपु से सजा दूंगी
जब आएंगे वो द्वार मेरे
चरणों से लिपट उनके चरण अश्कों पखरूंगी।
उनकी रहो में फूल बिछा कर
खुद कांटों पर सो जाउंगी।
प्रियतम की आंखो में डूब
उनके संग अपना जीवन सजाऊंगी।
कहीं लग न जाए नजर उनको
रोज उनकी नजर उतारा करूंगी।
उनके सिवा किसी और का
ज़िक्र तक भी न कर सकूंगी।
मुरली पर उनकी अपने प्राण
न्योछावर कर जाउंगी।
अपने सांवरे को स्वम्
अपने हाथो से सवारूंगी
उनके लिए उन्ही की कृपा से
माखन मिश्री का भोग लगाउँगी
अपनी छोटी सी कुटिया में
उनके चरण तर सो जाउंगी।
मै अपने प्रियतम केवल प्रियतम की

होकर रह जाऊंगी।

10. देख कर लोगों का बदलाव

देख कर लोगों का बदलाव
हमने जमाने से मांग लिया जवाब
बदलाव तुम्हारा सबका जीवन बदल रहा है
न जाने किस किस को ये ड्स रहा है
सर्प सा जहरीला हो गया है
मानो अपने अपनो को पहचानने से
इनकार कर रहा है
माता पिता को वृद्ध आश्रम में छोड़
खुद अपने बच्चों से बुढ़ापे का सहारा चाह रहा है
बनकर प्रकृति का शत्रु
यह उसी से फल,फूल व लकड़ी की अपेक्षा कर रहा है
दिल को पत्थर बना रख ये जमाना में
ये बदलाव मनुष्य को अधर्म की ओर ले जा रहा है
इस बात को जानते हुए भी
हर कोई अधर्म की राह को ही अपना बना रहा है।

11. आए हो बड़े दिन

आए हो बड़े दिन
तुम गांव में हमारे
इतने दिन न जाने
हमने वक़्त कैसे गुजरे
सावन में पहनी चूड़ियों ने भी
तुम्हे पुकारे
न जाने क्यूं तुम आए न
जमुना किनारे।
पलकों पर कुछ सपने हमने सवारे
हे प्रियतम क्या मिल पाएंगे राह हमारे
वो चंदन की महक आज भी
आती है प्रेम पत्र से हमारे
क्या वो पत्र संजो कर रखे होंगे
तुमने ए प्रियतम हमारे
मन्द मन्द मुस्कान तुम्हारी
हर ले जाते थे चित हमारे
स्वंसो की माला नाम
जपे केवल तुम्हारे।
भरपूर लहर छा गई
जब सुना हमने आए है प्राण नाथ हमारे।
सुनो इस बार जब जाओगे फिर
हमे भी साथ ले चलना जी नहीं पाएंगे हम बिन तुम्हारे।

आए हो बड़े दिन
बाद
तुम गांव में हमारे
इतने दिन न जाने
हमने वक़्त कैसे गुजरे
सावन में पहनी चूड़ियों ने भी
तुम्हे पुकारे
न जाने क्यूं तुम आए न
जमुना किनारे।
पलकों पर कुछ सपने हमने सवारे
हे प्रियतम क्या मिल पाएंगे राह हमारे
वो चंदन की महक आज भी
आती है प्रेम पत्र से हमारे
क्या वो पत्र संजो कर रखे होंगे
तुमने ए प्रियतम हमारे
मन्द मन्द मुस्कान तुम्हारी
हर ले जाते थे चित हमारे
स्वंसो की माला नाम
जपे केवल तुम्हारे।
भरपूर लहर छा गई
जब सुना हमने आए है प्राण नाथ हमारे।
सुनो इस बार जब जाओगे फिर
हमे भी साथ ले चलना जी नहीं पाएंगे हम बिन तुम्हारे।

12. दुनिया में सारी तकलीफ हमें ही क्यों होती है?

दुनिया में सारी तकलीफ हमें ही क्यों होती है?
क्यों हमारे जीवन में खुशियां नहीं होती?
क्यों हर कोई हमें बुरा समझता है?
क्यों कोई हमारे दर्द को नहीं समझता?
भगवान क्यों आपको हमारी तकलीफ नहीं दिखती?
क्या हम इतने बुरे है?
यह प्रश्न है जो हर कोई भगवान से पूछता है।
पर आप एक अकेले नहीं हो
उनसे ये प्रश्न पूछने वाले
दुनिया में कई लोग है
जो हर रोज छोटी तकलीफों में भी
भगवान को कोसते है।
दुख क्यूं मिला ये कभी नहीं सोचते
भगवान ने दिया लेकर बैठ जाते
खुद की गलती नहीं देखते
भगवान को गलत साबित करने में लग जाते
आपको यह दर्द यह आंसू
इसलिए मिले क्यूंकि आपने किसिसे अपकेक्षा रखी
किसीको अपना समझा

उनके साथ भविष्य का सपना देखा
अपेक्षा भविष्य से अपने आप जुड़ जाता है
और यही उम्मीद आपके दुखदाई जीवन का वजह बन
जाता है।
माता पिता ने आशा की बेटा
बड़ा होकर सेवा करेगा हमारा सहारा बनेगा
सब जानते है आगे क्या होता है
वहीं बेटा उनको घर से धक्के मार कर निकाल देता है
रिश्तों में आशा करना साधारण बात है
और उतना ही साधारतया है उसका टूट जाना
यहां दुखी आप कभी नहीं होते
अगर आप किसीसे आशा नहीं रखते
भगवान को कोसना चोड दो
आपनी गलती क्या है
उसको समझने की कोशिश करो।

13. सजाकर मांग में सिंदूर

सजाकर मांग में सिंदूर
वो मुझे अपनी बाँदी बना कर घर लाया।
पहना कर ग्रीवा में पवित्र सूत्र
वो मुझे अपनी संपत्ति समझ पाया।
खुशियों के नाम पर मुझे
गमों के दीवारों में चुनवा दिया गया।
स्वाधीनता से बिता जीवन मायके में
मुझे अपने ही कमरे ने कैद कर दिया।
रहता था वो किसी पराई के साथ
मेरे बोलने पर मुझे थपड़ों से सजा दिया।
सात फेरे सातों वचन को
वो एक पल में दहेज के लिए भुला गया।
जो हुआ करती थी में परी बबूल की
यहां पर मुझे घर का काम करवा कर दासी बना डाला।
एक दिन भी कभी सोई न थी भूखी
अब तो मुझे दस दिन तक भूखे सुला दिया गया।
एक वक़्त के खाने के लिए
मुझे न जाने किस भूल के चलते तड़पते चोर डाला।
गरीब पिता की बेटी मैं
धन इतना कहां से लाते पिता मेरे
धन न जमा करवाने पर मुझे अपने मायके
वापस भेज दिया।

यहां शादी दूसरी करने की तैयारी
शुरू हो गई
पहली पत्नी जीवित है
यह समाज भी भूल गई।
कुछ दिन बाद वापस लाकर
मुझे मेरे ही घर में फांसी से
लटककर मार दिया गया।
पिता रोते रहे मेरे शव पर
समाज भी इंसाफ न कर पाया।
चीख चीख कर पूछती रही मै
गलती क्या थी मेरी जो मुझे तड़पा तड़पा कर मार डाला।
गरीब के घर में जन्म लेना गलती थी
या बेटी होने का पाप किया।
कोई भी मेरी अंतर आत्मा को
समझ नही सका।

14. सिजा जिसे माली ने

सिजा जिसे माली ने
अपना बगीचा सोचकर
क्या पता था उसको
वो तो उड़ जाएगा एक दिन उसको उड़कर
दिन होने से पहले पास उसके आ जाता
बिन मांगे पानी उसको पीला देता
फूलों के रंगों में खोए वो उनके साथ
जीने के सपने सजोता
बुढ़ापे में इनके साथ जीवन
बिताने का ख्वाब देखता
आंखो में छुभने पर चुं न हुई
माता पिता को पीड़ा में देख कर
संतान की आंखे नम न हुई
सोचा माली ने मैंने कोई कमी तो नहीं छोड़ दी
इसके परवरिश में कुछ खमी तो न रह गई
माली थे वो माता पिता
पौधा वो बेटा था
इतना दर्द तो किसी दुश्मन ने
भी न सोचा था
दर बदर भटकते वो
कोई खाना तो पूछ लो
लाठी बनेगा बेटा मेरा

वो सपना बनता था
उसे क्या पता था वो
जहर हो अपना समझता था।

15. हर क्षण साथ है आपका

हर क्षण साथ है आपका
अनुताप है आपको किस बात का
अंबक में शबीह आपकी ही तो है
फिर पृथक कहां है आप
सैनिक है आप कर्तव्य है आपका
आप पर कुछ कर्ज है मां का
गमजदा क्यूं है आप
निश्चिंत होकर सेवा करना
भारत मां की कर्तव्य है आपका।
और परिवार का तिवान न करना
सब देखभाल कर लेंगे हम
और सुनिए
चिंता हमारी न करना बिल्कुल भी
निश्चिंत होकर निभाना अपना कर्म
हमारा प्रेम अमर रहेगा
दूर रह कर भी साथ रहेगा
तो क्या हुआ आप सरहद पर है
दिल में प्रति क्षण एहसास तो रहेगा
राधा कृष्ण की तरह देह अलग हो
परन्तु आत्मा हमेशा साथ रहेगा

जन्म लिया है भारत देश में
निभाया आपने देश प्रेम
इस बात पर हमेशा हमे गर्व रहेगा।
और भगवान न करे
जो लड़ते वक़्त सरसब्ज पर हुतात्मा हुए
उस वक्त में सफेद रंग वस्त्र नहीं
तिरंगे को अपने तनु पर सजाऊंगी।
और उस वक़्त मैं देश प्रेमी
सैनिक की पत्नी केहलाऊंगी।
आपके प्राणरहित देह पर
एक भी अश्क व्यर्थ न गवाऊंगी।
हमारी संतान को भी
मैं आपकी तरह एक देश प्रेमी ही बनाऊंगी।

16. रुनझुन रुनझुन बाजे पैजनिया

रुनझुन रुनझुन बाजे पैजनिया
जब ठुमक चलत नन्हो सांवरिया
ज्यों ही इधर उधर हुई मईया
कन्हैया ने माखन चुरा कर खा लिया
देखी मईया छुपाते खात माखन
कन्हैया को
पूछे काहे रे कन्हैया तू माखन चुरायो
देखकर मईया को क्रोधित
भोले मुख बना लिया कन्हैया
लीला तेरी न्यारी है
सबको अपना बनाती है
मईया को भी बातों में उलझा लिया।
मन्द मन्द मुसकाई देखो कृष्ण कन्हैया
केसो अद्भुत लीला रचाए तू सांवरिया।
हर कोई लीला का दीवाना हुए जा रहा है
बिन कान्हा के किसीको रहा न जा रहा है
भोर हुई न गोपियां सज करे इंतज़ार
आज फिर किसी प्यारी लीला से हो जाएगा इनको प्यार
कोइ तो कर्म अच्छा हुआ होगा
जो गोपियों को कृष्ण प्रेम मिला होगा।

17. रक्त से सने कपड़े

रक्त से सने कपड़े
वो किसका था
परिवार की आंखें
माने को तैयार न था
सामने पड़ा पार्थिव शरीर
आंखों में प्रश्न कई थे
वो हमारा नहीं
आप गलत पते पर आ गए
जवाब यहीं थे
नज़रें कमजोर है
किन्तु बेटे को पहचानते है
वो हमारा सहारा है
एसे नहीं सोएगा हम जानते है
पापा चुप क्यूं है बोलते क्यूं नहीं
आते समय चॉकलेट का वादा किया था
वो लाए क्यूं नहीं
सवाल कई जवाब सिर्फ एक
आपका बेटा शहीद हुआ
धरिए आप विवेक
हर कोई उस दिन रोया
सबने एक भारत का बेटा
और खुदके गांव का गर्व खोया।

वो जो साथी था वो भी
ख़ुदको रोक न पाया
अशु उनके आंखो से भी
छलक गए आखिर इंसान थे वो भी
साथी उन्होंने भी खोया
पर उनके फर्ज ने उनको रोने से रोक दिया

18. जमुना तट की वंशीवट

जमुना तट की वंशीवट
कन्हैया तोहे बुलाए
कान्हा तेरे सखा
याद कर तुझे रहे आंसू बहाए
गोपियन की पायल
छमक छमक रही तेरो नाम बुलाए।
आजा कृष्ण सबकी अंखियां तरस
गई कहे कहां गए कृष्ण हमाए।
यशोदा मैया रही
नीर बहाए
न कुछ खाने का ठिकाना
उनकी प्यास तो कन्हैया के
हाथ से ही मिट पाए।
नंद बाबा के आंसू
कोई रोक न पाए।
काहे कन्हैया तोहे
सूद दियो गोकुल की भुलाए।
राधा की बेचैनी
कौन सुन पाए
वो मौन है कोई से
कछु न कह पाए।
दिन रात ख्याल में खोए

रहीं राधा हमारी
अब तो अरज
सुन लो कृष्ण मुरारी।
जमुना मईया भी पूछ रही
कहां है मुरलीधर हमारे।
मुरली की धुन।

19. बेटे तो बदनाम है ही

बेटे तो बदनाम है ही
कुछ बेटियां भी कम नहीं।
उन बेटियों के माता पिता को
कोई कम गम नहीं।
बेटों से अच्छी होती है बेटियां
यह सोचकर उसे बड़े लाड से पाला था।
किन्तु वही बेटी ने
कलंक का कालिक
उनके मुख पर पोत डाला था।
बचपन से पूरी की ज़िद उसकी
बड़ी होकर कुछ बन दिखाएगी
उन्हें क्या पता था यही बेटी
उनका नाम मोहले में डुबाएगी।
इकलौती बेटी से आशा उनके हजार थे।
मन में अपनी बेटी को ऊंचा उड़ते देखने के माता पिता के
विचार थे।
पढ़ाई करेगी दूर जाकर यह सोच
पिता ने अपना खून पसीना भेजा था।
वो अनजान थे उसी खून पसीने को
उस बेटी ने लूटा था।
न लाज्जा न पश्यताप
न सोचा तोड़ रही हूं

माता पिता का मुझपर का ड्रध विश्वाश।
माता पिता की आंखो ने कितने सपने
सजाए थे
हर छोटी वस्तु करेंगे
बेटी की शादी में यह सोच कर खुशियां सजाई थी।
न जाने क्यूं ये बात उनकी बेटी ना समझ पाई थी।
पढ़ने के बहाने गलत फायदा उठाती
माता पिता के भरोसे का।
करती एश मोज
उनके पैसों का ।
कितने दिन से घर न आई वो
माता पिता सोचे पढ़ाई में मन लगाई वो
छुट्टियां हुई फिर भी वो आई नहीं
कोई हादसा तो न हो गया
माता पिता की चिंता बढ़ गई
हमारी बिटिया ठीक होगी
क्या हुआ उसके साथ
उससे हमारी याद आती होगी
पर यहां बेटी को माता पिता की तिवान तक न हुई
करके शादी अनजान व्यक्ति से
आई समक्ष माता पिता के
क्या बीती होगी उनपर
सब सपनों को तोड़ गई जो
बुने थे उन्होंने चुनकर।
बोले पिता बेटी से
तू बोलती तो क्या
हम नहीं करवाते तेरी शादी तेरी मर्जी से।

अरी कुछ तो सम्मान किया होता
अपने सगे माता पिता का सोचा होता।
कुछ सपने हमारे पूरे होने देती
हमें भी तेरी इस खुशी में शामिल होने का मौका देती।
क्या खुश नहीं होते हम खुशी में तेरी।
खड़ी थी वो जैसे वो उसके माता पिता नहीं अनजान थे।
सारी बाते सुनकर बोली
यह मेरा जीवन फैसला भी मेरा ही होना चाहिए
आप तो वृद्ध हुए इसमें आपको नहीं बोलना चाहिए।
कुछ दिनों में छोर गया वो लड़का उससे
जो बेटी की पसंद थी
कहां जाती वो अब
वो तो खुद की नजर में शर्मिंदा थी
देखकर उससे इस हालत में
पिघल गया हृदय माता पिता का
आखिर कितना कोमल होता है
हृदय उनका
दुबारा बने वो सहारा अपने बेटी का
जब माता पिता को अव्यशक्ता थी
तब बेटी ने छोर दिया साथ उनका
अब बेटी को अव्यशकता थीं
पिघल गया दिल माता पिता का
न सब बेटियां बुरी है
न सब बेटे बुरे है
किसी पर मिथ्या दोष लगाना ठीक नहीं है।

20. जो प्रेम पहली नजर में देखते हो जाता है

जो प्रेम पहली नजर में
देखते हो जाता है
वह प्रेम देखते ही देखते
ख़तम हो जाता है
जो बिन देखे आत्मा को
जोड़ता जाता है
वहीं प्रेम सच्चा और अमर हो जाता है।
दुरिया बढ़ने से प्रेम
का अंत नहीं होता।
पास रह कर भी
सच्चा प्रेम नहीं हो पाता।
वास यहां प्रेम की नहीं होता
जहां बात मतलब का होता है
प्रेम का वास वहीं होता
जहां प्रेम शरीर को नहीं आत्मा को जोडता है।
राधा कृष्ण की तरह
वह प्रेम प्रज्वलित पूरी
श्रृष्टि में अपने प्रेम से सबको
जागता है।
दूरी मजबूरी सबब नहीं बनती व्यतिरिक्त की

हर दुसाध्य में यह अपना प्रेम धर्म निभाती
संसार के लिए चाहे वह भिन्न हो
परमात्मा भी इनके मिलन का कारण बनता है।
जब बात आत्मा की हो
इस संसार का हर व्यक्ति तुच्छ साबित हो जाता है।
जल जाते है बदन मरघट पर।
किन्तु मिलते है देखने प्रेम उस जमुना के तट पर।
कोई वासना नहीं
कोई इक्छा नहीं
बस प्रेम हो और कुछ नहीं
यही सोचकर व्यतीत कर देता है
सम्पूर्ण जीवन चाहे प्रियतम हो ना हो
प्रेम का आश्रय होता है
उससे ज्यादा जीवन में इनके लिए
क्या विशेष होता है।

21. जैसे बिन प्राण शरीर वैसे

जैसे बिन प्राण शरीर वैसे
आपके बिन हम हो जाएंगे।
जीजी मां आप न हुई साथ हमारे
तो हम अकेले कैसे चल पाएंगे।
छवि पाई है हमने आप में अपने कृष्ण की
आपने हमें न अपनाया तो हम कहां जाएंगे।
जैसे बिन प्राण शरीर हम वैसे हो जाएंगे।

मीलों दूर होकर भी नहीं है
आप हमसे जुदा।
आपने हमेशा एसे समझा हमे
जैसे अपने बच्चों को समझता होगा खुदा।
आप ने दिया ना जन्म हमे
फिर भी हो आप हमारी मां जसुदा।
आप न होते साथ हमारे
तो इस भीड़ भरी दुनियां में हो जाते हम गुमशुदा।
अधूरे है आपके बिना हम जैसे अधूरा है
कृष्ण बिन मां यशोदा।
मां को सर्वश्रेष्ठ स्थान दिया गया है
उनके लिए चित में प्रणय का

सबसे अलग स्थान बना हुआ है।

22. कोइ विक्षिप्त कहता है

कोइ विक्षिप्त कहता है
तो कोई दिवानी कहता है
हर कोई कान्हा
मेरा नाम तेरे साथ जोड़ता है
शायद प्रेम में यही होता है।
कुख्यात से ही तो
प्रेम का पथ शुरू होता है।
मैं मेरी नहीं तेरी हो गई
मेरा मुझमें क्या था।
सब कुछ आपका
ही हो गया।
मेरा पूर्ण जीवन
तुझको समर्पित हो गया।
सब कुछ आपको सौंप कर
मैं तो तेरे प्रेम की
जोगन हो गई।
तेरे नाम लेकर मैं
न जाने क्यों खुद
का नाम बिसरा गई।
मन से मन मिल गया।
तू मेरा मनमीत हो गया।
कोई समझे न समझे

प्रियतम मेरे मन की
तुम तो जानते हो।
मैं जोगन आपके नाम की
आप तो मानते हो।
जब मिले हमें प्रेम तुम्हारा
सांसारिक सुख क्यूं
मांगे हम कान्हा।

23. बचपन से पढा करते थे

बचपन से पढा करते थे
हम कलम के बारे में
कभी सोचे न थे
यही कलम ले जाएगा
हमे चमकते सितारों में।
लिखने का शौक कुछ
खास न था
कभी हम भी कुछ लिखेंगे
सोचा न था।
मुश्किलों से लड़ना
आता न था।
कुछ बनने का सपना तो था।
पर बनेंगे क्या ये समझा न था।
हर कोई जबरदस्ती करते रहा
तुम कुछ बन ना पाओगी
यही बताता रहा।
क्या सच में मुझमें खूबी नहीं
यह दिमाग में ख्याल आता रहा।
कोई साथ तो था नहीं
खिलाफ सब थे

कुछ है बताने के लिए कोई नहीं
कुछ नहीं बताने को सब थे।
हारे हम किसको कहते
जिनको कहते परिहास बनाते।
तब साथ बना कलम हमारा
अपना दुख हमने कागज में उतारा।
कुछ सुकून आने लगा
दिल को लिखने से बेचैनी चैन में बदलने लगा।
सब लिखना शुरू किया
और अब इसी कलम ने हमें
बड़ा शायर बना दिया।
हर शायर व कवि की यही कहानी है
उनके सुख दुख की यह कलम ही बयानी है।

24. पिता जैसे

पिता जैसे
पुष्पों की रंगत ,
बिन रंगत पुष्पों का मोल क्या
पिता जैसे घर की व्योम छत
बिन छत घर की लाज उतर जाए।
पिता जैसे
पक्षी जो दाना लाते
बिन दाना बचे केसे जी पाए।
पिता जैसे
वृक्ष जिसकी छाया अनमोल है
बिन छाया जीव जंतु का
जीवन क्या मोल पाए।
पिता जैसे
समंदर जो हर दर्द को खद में
भर लेता
बच्चों पर आने से पहले
खुद उससे अपने में समा लेता।
पिता जैसे
गुलाब की पुहुपू में खार
हर बुरी नजरो से बचा लेते है।

25. कूड़ेदान में पड़ा वो नन्हा शिशु

कूड़ेदान में पड़ा वो नन्हा शिशु
बिलक रहा भूख से
किसिकी दृष्टि कैसे पड़े
सब व्यस्त खुद में
मानव का हृदय द्रवित न हुआ
किन्तु आया वहां एक शुनक
लेकर शिशु के लिए पय
एक मवेशी ने मानवता दिखाया।
और मानव ने जानवर का भी
धर्म ना निभाया।
बड़ा हुआ वह शिशु
मांगा उसने रोटी
देने से मना कर दिया इंसान ने
अब मजबुर हो गया वो रोटी छीनने पर
क्यूंकि निर्दयता इतनी हुई की
किसीको दया ना आयि उसपर
हर किसीने उसे मांगने पर देने से
इनकार कर दिया
अब उसने सबसे छीनने का फैसला
कर लिया

दयालु मोहन की कृपा हो गई
उस नन्हे बालक पर
जिसके पास पहने को वस्त्र ना
खाने को खाना ना था
ना पीने का पानी
न घर रहने को
उसको मिले एक सज्जन व्यक्ति
ले गए बालक को उनके घर पर
उसके आंसुओं से वाकिफ था
वो सजजन मानव
क्यूंकि यही बीती थी कभी उसपर।
बन सकता था वो दुर्जन
किन्तु मंदिर के पुजारी के रूप में
कृष्ण ने उससे आश्रय दिया था।
और आज इस सज्जन ने
किसी और को आश्रय दिया।
समाज ही उससे दुर्जन बनाता है
और वही समाज उसे गलत ठहराता है।

26. एक गौ माता अपना सारा जीवन

एक गौ माता अपना सारा जीवन
मानव सेवा में लगा देती है।
किन्तु एक भी मनुष्य
अपने जीवन का कुछ शण
भी सेवा में नहीं लगता।
यही बात हमारे गोविंद
को बोहोत सताती है।
गौ माता पर लिखे हम
इतने काबिल ना है।
इनकी पीड़ा हम सबसे
अनजान ना है।
पुजी जाती है मान से एक दिन
अपमानित की जाती है हर दिन
कोई दल फेक्कर मारता है
तो कोई लाठी निष्ठुर होकर चलाता है
किसीको अश्क तक दिखाई नहीं देते।
न किसीको दिखती है उनकी भूख।
बिन मां के बच्चे को
पिलाया जाता है इनका ही दूध।
माना जिन्होंने जन्म दिया

वो है देवकी मईया तुम्हारी
किन्तु जिनका दूध पीकर बड़े हुए
वो भी तो हुई यशोदा माई तुम्हारी।
आजकल के ग्वाले मिलते
कहां कृष्ण से।
आंसु उनके कौन
पूछे बिन कृष्ण के।
माता का पूर्ण जीवन
हम सबको जीवन देने में लगा है
उनके गोबर से लेकर दूध तक
सब कुछ हमारे लिए पवित्र होता है।
इतनी पीड़ा सेहने के बावजूद
वो खामोश निस्वार्थ प्रेम निभाती है।
कृष्ण ने उनका हृदय कितना पवित्र दिया है
बिन बोले वो हमारी पीड़ा
भी समझ जाती है
और एक हम है जो उनको
मान में क्या देते है
अपमान गाली,लाठी, पाषाण
और न जाने क्या क्या।
और उनकी विनम्रता तो देखिए
जब गौ माता का चैतन्य
गोविंद के पास पोहोचा
तब भी उन्होंने हमे अच्छा कह दिया।

27. तुम हमसे अलविदा लेने आए हो

तुम हमसे अलविदा लेने आए हो
हम तुम्हे विदा कर देंगे
तुम खुश रहना
हम मुस्कुरा देंगे
तुम किसी और को अपनाना
हम किसी और कि नहीं हो पाएंगे।
तुम तोड़ देना प्रीति के वचन सारे
हम अपने किए वादे निभाएंगे।
तुम देना हमे कष्ट सभी
हम उससे अपना सुख समझ अपनाएंगे
तुम करना कामना हमारे बर्बादी की
हम आबाद हो जाएंगे।
गर तुम्हारी खुशी हमसे दूर रहने में है
तो हम भी तुम्हे खुश देख खुश हो जाएंगे।
तो क्या हुआ तुम पास नहीं हमारे
हम तुम बिन मर तो ना जाएंगे।
ना होते हम दूर
जो तुमने हमारा सम्मान किया होता।
भरी महफिल में
तुमने हमारा अपमान न किया होता।

प्रेमिका थी तुम्हारी
जीमेदरी कुछ तुम्हारी थी
माना तुम्हे अपना
तुमने दगेबाजी ही कर दी
हक था तुम्हे कहने का ।
परन्तु तुमने कोशिश किया
हमारे हक के गलत फायदा उठाने का।
बिन गलती में किसी के आगे नहीं झुकती थी
तुमसे प्रीत लगाई इसलिए तुम्हारी गलती को
चुपचाप सेहती थी।
झूठी शादी के वादे तुमने किए
और दोस्तों से हमारी शिकायत तुम कर रहे हो।
बिन पूछे हमसे हमारी बदनामी क्यूं कर रहे हो।

28. जीवन से तंग आकर

जीवन से तंग आकर
ख़तम कर देंगे इससे
सब चिंता से मुक्त हो
जाएंगे
कोई कुछ नहीं कह पाएगा
किसीको कोई फर्क नहीं पड़ेगा
अब बचा क्या है
कोई अपना नहीं समझता
यह सब न जाने अनगिनत
लोग के मन में ये ख्याल आता है।
वो ख़ुदको काबू में नहीं कर पाता है।
सवाल यह क्या ख़तम हो जाएगा सब
क्या फिर से शुरुआत नहीं होगी
उसके लिए जीवन समाप्त क्यूं करना
जिसे परवाह नहीं आपकी
उसके लिए जीना क्यूं नहीं चाहते
जो ख्याल करता है आपका
आप चले जाओगे तो
वो नहीं रोएगा।
उस मतलबी को
क्या फर्क पड़ेगा।
जीवन समाप्त करने से

आपको शांति नहीं मिलेगी
आपको फिर से नया जन्म लेना होगा
और इससे आपको पहले से ज्यादा तकलीफ मिलेगी।
हर मुश्किल का हल प्राण का अंत नहीं
इस संसार में कोई मुश्किल ऐसी नहीं
जिसका कोई तोड़ नहीं।
मुश्किल चाहे कितनी
हो हार न मानना
अपने जीवन को हर मुश्किल
से लड़ना सिखाना।
कोई बुरा आपको तो
खुद से सवाल पूछना।
जो दिल ने उलझा दिया
तो मुरलीवाले के द्वार जाना।
अगर सच में बुरा है कुछ
तो उससे बदलने की कोशिश करना।
जो अच्छा है तो किसी से नहीं डरना।
कोई साथ हो या ना हो आप
खुद आपके साथ हो।

29. हे श्याम बना दे मोहे रंग लाल

हे श्याम बना दे मोहे रंग लाल
बनकर लाल पुहूपु
तुझे सुबह शाम अर्पित हो जाऊं।
रोली बनकर तेरे लीलाट
पर लग जाऊं
और तुझसे जुड़ कर अपना
स्वभाग्य जगाऊं।
हे श्याम बना से मोहे रंग लाल
बनकर में सिंदूर
दुल्हन के मांग में लग जाऊं।
जो सजुं हाथ में
साजन का नाम हेना बन जाऊं।
दुल्हन के जोड़े का
रंग मैं बन जाऊं।
उसके हर श्रृंगार की
मैं शोभा बढ़ाऊं।
मेरे रंग से सजी दुल्हन को
देना आशीष सदा सुहागन का
मैं उनके मांग से कहीं ना मिट जाऊं।
हे श्याम बना दे मोहे रंग लाल

मैं इश्क़ का रंग कहलाऊं।
जो शोभू गुलाब बन
मैं प्रेमियों के चितवन में
प्रेम जगाऊं।
हे श्याम आशीष दे
उनके जीवन में हमेशा
उनको जोड़कर रख जाऊं।
हे श्याम बना दे मोहे रंग लाल
बनूं मैं तेरे वो रत्न लाल
और तेरे ग्रिवी में रहने
का हमेशा सुख पाऊं।
मै खुदका जीवन तेरे
चरणों में समर्पित कर पाऊं।

30. जीवन के हर रिश्ते को

जीवन के हर रिश्ते को
मनुष्य सादगी से निभाता है
फिर मृत्यु के नाम से क्यूं
भयभीत हो जाता है।
जीवन है तो मृत्यु
आना है
यह बात मनुष्य क्यूं
नहीं समझ पाता है।
शैयां प्यारी है उसकी
किन्तु मृत्यु शैया पर
सोने से क्यूं कतराता है
पंच तत्व से बना ये शरीर
वहीं पंच तत्व में परिवर्तित होने से क्यूं घबराता है
वृद्‌ध अवस्था में भी
मृत्यु के एक मात्र नाम से
अपने आपको दूर लेजाता है।
वह ख़ुदको समझाना ही नहीं चाहता
मृत्यू तो हर किसीको है आता।
किसीने सत्य ही कहा है
मिट्‌टी से बने इस शरीर को
एक दिन मिट्‌टी में ही तो मिलना है

फिर पूरा जीवन भय में
क्युं बिताना है।
इस पृथ्वी पर कुछ भी
अमर नहीं
ऊंचा उड़ता पक्षी भी
नीचे गिर जाता है।
सुख हो या दुख
कुछ पल में चला जाता है।
फिर मनुष्य क्यूं मृत्यु से डर जाता है।
कारण कई है कुछ डर उसे
मृत्यु की पीड़ा का हो जाता है
तो कुछ अपनों से
बिछड़ने का हो जाता है।
मृत्यु उसकी नहीं उसके
शरीर की होती है
यह बात वह क्यूं भूल जाता है।
वो अपने शरीर को ही
मैं समझ जाता है।
अंत आत्मा का कभी हो नहीं सकता
इस बात को समझने में
वह कई जीवन बिता देता है।
प्रिय जन अश्क बहाएंगे
कुछ क्षण के लिए फिर
आपको भुला दिया जाता है।
शरीर का नष्ट होना तय है
यह मनुष्य के हाथों में नहीं
फिर भी वह मृत्यु से लड़ लेगा

यह कैसे सोच पाता है।
ना जन्म आपके हाथों में
न मरण आपके हाथों में
यह तो मुरली वाला ही
इसकी लीला रचाता है।

31. हम लड़कियां किसी पर भी

हम लड़कियां किसी पर भी
आंख बंद कर भरोसा कर लेती है
जो वो बोले उससे सच मान लेती है
उनकी मीठी मीठी बातों में
आना तो स्वाभाविक है।
वो बोहोत अच्छे है
विश्वास है
दोस्त समझाती रहती
किन्तु तब तो आंखो
पर पट्टी प्रेम की होती है
फिर किसी की कहीं बात
कहां सच्छी लगती है।
उनके लिए झूठ माता पिता
से भी बोल देती है।
शरुआती तौर पर अच्छा होता है
सब कुछ न लड़ाई ना झगड़ा करती है।
उनकी बुरी बातों को भी
अच्छा समझती है
करता है वो झूठे वादे
उससे भी सच्चा समझती है।

प्रेम पाने की चाहत में
ना जाने किस किस रास्ते से गुजरती है।
कोई इकचा नहीं होती सच्चे प्रेम के सिवा
मांगते तक नहीं हम एक तौफा।
भूल जाती है मर्यादा हम
विश्वास कर लेती है बातों पर उनकी
हम उन्हें अपना समझते है।
उनके कुछ मांगने पर कुछ भी देदेती है।
किन्तु जब बात आती है माता पिता के संस्कार पर
खुदकी इज्जत पर अपनी कुल की लाज पर
तब वो लड़की उसको ठुकरा देती है।
तब एहसास होता है हम लोगों को
की वो तो हमारा फायदा उठाता है।
बस इस बात से हम उसका सब झूठ पकड़ लेती है।
उससे सारे रिश्ते तोड़ अपना जीवन मुश्किल से बिताती है।
फिर भी हम कहीं ना कहीं उससे भूल नहीं पाती है।
पछताते है माता पिता से ज्यादा माना उससे
और उसमे छल किया बस उसी बात से वो उस शक्स से
नफ़रत करने लग जाती है।
और अपने जीवन में आगे बढ़ जाती है।
हम लड़कियां किसी की बात में आ जाती है
बस यही बात हमारी गलती बन जाती है।

32. एक फूल जो खेलती मुस्काती

एक फूल जो खेलती मुस्काती
और सबको अपना बना हसती
दिल में ना शिकवा किसी से
ना शिकायत करती।
बस अपने में मस्त रहती
पति को प्रिय थी वो
ससुराल का सम्मान थी
कुछ दिन बाद वो रंग बिरंगी
फूल को सफेद परिधान में लपेट दिया
उसके हाथो से चूड़ियां निकाल दी गई।
मृतभरतुका घोषित कर दिया।
श्रृंगार का सब स्वत्व छीन लिया।
साथ साथ उसका जीवन अब
अंधेरे में बिताना था।
साधारण खाना खाना था।
प्रातः सब काम करना
नहीं तो गलती से कोई देखा
तो इसको मनहूस कह देता।
मृत्यु का शोक इसको भी था
पति का किन्तु इसके जीवन का

भी मृत्यू हो गया।
लंबे केश जो थे
कटवा कर हटा दिया।
उसको पसंद थे
जो वो सब छीन लिया।
मंदिर में पवंदी।
सबसे छुपा कर रहना।
अपनी पीड़ा को अकेले में सहना।
कठिन था किसिस अपनी बात न कहना।
जो पड़ी नजर गलत समाज की
दोषी इनको ही ठहराना
पढ़े लिखे लोग
करते थे यह सब
अब इनको क्या समझाना।
नर्ग भी इस जीवन से
सुन्दर होगा
इस बात का एहसास
मृतभार्तुका को हो गया।

33. आए दिन प्रलय आते है

आए दिन प्रलय आते है
इसके जिम्मेदार
भगवान बताए जाते हैं।
समझ तो ये नहीं आया
जो लोग भगवान पर
आरोप लगाते।
वो व्यक्ति बच कैसे जाते।
जो भगवान ना होते
तो आपको कौन बच्चाते।
भगवान का हृदय तो
कोमल पुष्प सा है ।
आपके इतने बोलने पर भी
उनको आप पर घुसा ना आता है।
आया कॉरोना आपके आस पास।
बचाया किसने आपको
जब भगवान पर नहीं आपको आस।
जो आया चक्रवाती तो
जिम्मेदार भगवान हुए।
सबको समेट ले गया
आप जिंदा केसे रह गए।

हर प्रलय आपके करीब
में से होता रहा।
किन्तु उस प्रलय की
परछाई तक ने आपको न छुआ।
प्रलय का कारण
भगवान नहीं आप है।
प्रकृति को कष्ट देने
वाले भी आप है।
प्रकृति के नियम से
खिलवाड़ करने वाले आप है।
भगवान तो सबके लिए बाप है।
क्या अंतर है उनके लिए
सबको मानते वो संतान एक समान।
करते है ये मनुष्य
पिता का भी अपमान।
भगवान ने तो हमारे
हर दुष्टता को क्षमा किया है।
हमे तो हमेशा उन्होंने
अपना संतान माना है।
क्रोध मनुष्य भी करते है
उस क्रोध में प्रकृति को
नुक़सान पोहोंचाते है ।
वैसे ही प्राकृति को घुसा
आया उसने मानव जीवन को
दुष्कर में डाल रहे है।

34. हां मैं वारि हूं।

हां मैं वारि हूं।
वो पानी जिसका सम्मान
करना भूल गया ये मानव
हां मैं वहीं जल हूं
जिसके लिए मानव यज्ञ करता है।
और बारिश के रूप में
मुझे धरती पर बुलाता है।
हां मैं वहीं अमृत हूं
जिसके लिए असुर देवता में युद्ध हुआ
और मेरा पान देवकता को प्राप्त हुआ
वह जल भी मेरा रूप है
जो साधारण था
और असुरों को
मोहिनी ने पिलाया था।
हां मैं वहीं पानी हूं
जिससे गंगा मईया के
नाम से संबोधन मिला है
और वहीं लोगों ने मुझे गंदा किया है।
हां मैं वहीं पानी हूं
जो धरती पर हूं
तो बेवजह बर्बाद की जाती हूं
और जो ना आऊं तो

पूजा कर के बुलाई जाती हूं।
हां मैं वहीं पानी हूं
जिसके लिए मनुष्य तरस्ता है।
जो बूंद गिरे धरातल पर
पक्षी की प्यास बुझ जाता है।
हां मैं वहीं पानी हूं
जिसके बिना
कोई रह नहीं पता है।

35. हाथ जल जाने पर भी

हाथ जल जाने पर भी
खाना तू ही बनाती है।
मां इतनी हिम्मत
तू कैसे जुटाती है।
सबकी मां ऐसी ही
तो होती है।
पूरा दिन हमारी
बकवास कैसे सुन पाती है।
मां हमसे दूर रहकर
तू बिल्कुल अकेली सी हो जाती है।
काम घर के सारे करके
भी तू कभी नहीं थक जाति।
इतना निस्वार्थ प्रेम है
दुनिया एक तरफ तू एक तरफ
इसलिए तू मां कहलाती।
सबकी मां ऐसी ही तो होती है।
अपने बच्चों के लिए
तो तू सबसे लड़ जाती।
और बेटी को हर
बुरी नजर से बचाती।
सबकी मां एसी ही तो होती है।
कामयाब बनने बच्चे तेरे

इसके लिए कितना कष्ट उठाती।
अपने प्रेम को तू
अपने बच्चों पर छलकालती।
सबकी मां एसी ही होती है।
मां कहा तो कोई
नहीं ले सकता स्थान तेरा।
तूने हमे अकेला छोड़ दिया
तो क्या रह जाएगा मेरा।
हां सबकी मां एसी होती है।
बीमार रह कर भी
घर पूरा संभालती।
वो बीमार है स्वस्थ नहीं
यह बात सबसे छुपाती।
और जो कभी लेलो
नाम अस्पताल का तो डर जाती
हां सबकी मा एसी ही होती।
अपने बच्चो को वो जितना
प्रेम देती उतना ही वो सबको मानती।
जो आए घर पर कोई बच्चा
तो उसकी मां भी तू ही बन जाती।
इसलिए प्रेम तेरा निस्वार्थ कहलाता
और तू किसी में भेद भाव नही करती।
हां सबकी मां एसी ही तो होती।
संवारने का शौख
कभी नहीं रखती।
किन्तु अपनी बेटियों
को परी सी सजाती।

हां सबकी मां एसी ही तो होती है।
अपनी चिंता हमे नहीं बताती
कहीं हम भी उदास ना हो जाए
इस बात से वो उदास हो जाती
आंखों में अपने हमे छुपाती
प्यारी लोरियां सुना हमे सुलाती।
हां सबकी मां एसी ही होती।
आपसा प्रेम इस दुनिया में
कहां पाती।
इस प्रेम का कर्ण
मैं कैसे चुकाती।
मां आपका स्थान
मैं कैसे किसीको
दे पाती।
हां सबकी मां एसी ही होती।
कुछ मांगने से
पहले समझ जाती।
वो वस्तु मेरे
सामने लाकर रख
जाती।
मां तू मेरी बाते बिन
बोले कैसे समझ जाती।
हां सबकी मां एसी ही होती।
तेरी इस मुस्कुराहट में
दर्शन हमे कृष्ण के होते।
मां इस मुस्कुराहट के
बिन हम कैसे सोते।

36. रातों को रोने वाले

रातों को रोने वाले
पूरी रात ना सोने वाले
लड़के एसे किसीको
ना बताने वाले ।
जिस लड़के ने
अपनी प्रेमिका को
मां समान माना।
उस प्रेमिका ने
इससे कुछ भी
न माना।
वह तो सिर्फ
अपनी प्रेमिका का होकर रह गया।
और प्रेमिका किसी और के
साथ चली गई।
हर ज़िद्द पूरी करता
जो मांगती पैसे ना होने
पर भी कहीं से भी दिलवाता।
उसके कहने पर वो
कुछ भी कर जाता।
न बड़ा आदमी था वो
साधारण परिवार से था वो
फिर भी उसके लिए

बड़ा बन जाता वो।
शादी कर सारा जीवन
साथ बिताने के सपने देखता।
उसको हर खुशी दिलाने का
वादा करता।
खूब मेहनत करता
भविष्य के लिए
अभी से जमा करता।
अपने कष्ट को
वो प्रेमिका से नहीं कहता।
मां भाई को बताया
मां मैं तेरी बहू पसंद
कर आया।
पिता को भी
उसकी फोटो दिखाया।
प्रेमिका ने प्रेम किया
ही नहीं कभी वह यह
बात नहीं जान पाया।
उसके पैसों से अपना
सुख कमाती।
उसकी पीड़ा
कहा समझ पाती वो।
छोर गई उससे
जब मिला कोई बड़ा।
तोड़ दिया दिल
इस लड़के का।
अब घर से बाहर नहीं जाता

वक़्त से खाना नहीं खाता ।
अकेले में बस रोता है
यह बात वो किसीको नहीं बताता।
लडको को भी प्रेम में
धोखा मिलता है
यह बात हर कोई नहीं समझ पाता।

37. नौजवान आज के

नौजवान आज के
कहते अभी जीने दो
हमे मस्ती में ।
भगवान का नाम
लेंगे हम वृद्ध अवस्था में।
उम्र नहीं हमारी
भक्ति करने की।
उम्र है हमारी
मोज मस्ती करने की।
कौन ले नाम भगवान का
कौन जपे माला
सुबह शाम।
अभी हमारे पास
वक़्त नहीं पड़े है
बोहोत काम।
भगवान नहीं बोलते
भक्ति करो भगवान तो
खुश एसे हो जाते।
किन्तु आप ये बताओ
क्या आप भगवान को
दिल से हो पुकारते।
कीर्तन कर नहीं

सकते इस उम्र में।
तो क्या कर
पाओगे वृद्ध अवस्था में?
क्या आप जानते है
आप जीवित रह पाओगे
वृद्ध आवस्था तक।
किसने कहा आपसे
आप उतना जी सकोगे
उस आयु तक।
कौन जानता है
आपके मौज मस्ती
ने ही लेलिया जीवन आपका।
न कर पाए मस्ती
न चुन पाए
भक्ति का रास्ता।
आयु न होती भगवान से
प्रेम करने की।
ध्रुव ने किया था
५ वर्ष से ही।
भक्ति कीजिए
खुश रहिए।
इस मोह मया के
खेल से दूर रहिए।

38. हां मैं खुश रहती हूं

हां मैं खुश रहती हूं
क्यूंकि इस समाज की
झुठे बातों में नहीं आती।
अपने दिल की सुनती हूं
जो कान्हा कहते वहीं करती।
हां मैं खुश रहती हूं
अपनी सुनकर खुशी मनाती।
मुझे क्या बनना है
समाज नहीं माता पिता
सोचेंगे उनके सिवा
मैं किसी और कि बात नहीं सुनती।
हां मैं खुश हूं
बिन शादी के
बिन किसी के सहारे के।
मैं सक्षम हूं
अपने माता पिता के चलते।
और समाज कहता है
छोर दू उनको अकेले।
हां मैं खुश हूं
शादी नहीं होगी तो
भी जीवित रहुंगी।
किन्तु माता पिता के

बगैर जीते जी मृत हो जाऊंगी।
हां मैं खुश हूं
उनका सहारा बनना
स्वप्न सजाया है।
मैने यह समाज को
यह बात बोहोत समझाया है।
जब माता पिता के लिए बोझ नहीं
तो समाज को क्या हो रहा है।
उन्होंने हमे पाल पोस कर
बड़ा नहीं किया है।
शादी करके दुखी रही
तो माता पिता को
भी दुखी करूंगी।
किन्तु अपने माता पिता के
पास रही तो हमेशा खुश रहूंगी।
कौन कहता खुश नहीं रह
सकती बिन शादी किए।
जीते है लोग अपने दुनिया
माता पिता के लिए।

39. जिसने उड़ना सिखाया

जिसने उड़ना सिखाया
उसी को नीचा दिखाया
एक वक़्त था जब
गुरु के लिए शिष्य
कुछ भी कर देता।
एक वक़्त अब है
जब शिष्य खुद के
लिए गुरु के साथ
कुछ भी कर देगा।
जब शिष्य शून्य था
तब उसका महत्व बढ़ाया।
किसी भी चीज के काबिल
ना था तब
गुरु ने काबिल बनाया।
जो हर बार गिर जाते थे
निराश होकर तब
शिष्य को लड़ना सिखाया।
वहीं गुरु का सब हथिया
कर उन्हें नीचा दिखाया।
यह कैसा जमाना आया।
शिष्य ने अपने गुरु का
आपमान बढ़ाया।

सच कहा जाता है
भलाई का जमाना नहीं
जिन्होंने सिखाया
उन्ही का सामान शिष्य
ने किया नहीं।
न जाने क्या सोचकर
उसने अपने गुरु को इतना रुलाया।
बिन गुरु दक्षिणा जिस
गुरु ने उनको इतना सिखाया।
जिससे सीखा उसी को
गलत बताया।
यह कैसा युग आया।
गुरु ने अपना सामान गवाया।
जिस गुरु ने निस्वार्थ
दिया ज्ञान संसार में चलने का
उन्ही गुरु के ज्ञान से
छिन ली लाठी उनके सहारे की।
जिस साधन से सिखाया
पूजनीय गुरु ने आपको।
उसी साधन को गलत
बता दिया आपने तो।
अब तो उनके गुरु
बनने की चेष्टा तक कर दी।
उनके हर सीख पर
सवाल खड़ा कर दी।
याद रखियेगा आप कितने भी
बड़े हो जाएं गुरु को कभी नहीं भूलिएगा।

आप कभी उनका स्थान नहीं ले सकते।
आप उनका अपमान नहीं कर सकते।
श्री कृष्ण भगवान थे
फिर भी उन्होंने गुरु का
सम्मान किया
आप तो ख़ुदको
न जाने क्या समझते हो
हर बार आपने सिखाने वाले
का अपमान किया।
भूलना नहीं वक़्त आपका
भी आएगा।
कर्म का फल सबको
मिल जाएगा।

40. समाज ने मुझे

समाज ने मुझे
ठुकरा दिया।
मुझे तो मेरे
ससुराल वालों ने
भी घर से निकाल दिया।
इतनी विप्पती परिस्थिति में
सात जन्म निभाने
का वादा करने
वाले पति ने भी दो
साल में साथ छोड़ दिया।
सबने मुझे बांझ बुलाया।
कोई मेरी वेदना ना
समझ पाया।
भगवान् के द्वार पर
जाने से भी पाबंदी लगाया।
बांझ है मनहूस कह कर बुलाया।
सबको संतान की
अवयशक्ता थी।
दोषी मुझे ही
ही बताया।
पढ़े लिखे ससुराल वाले
गवार निकले

अपनी बेटे की
गलती छुपाने के
लिए मुझे निकाला घर से।
मेरी क्या गलती थी
मैं मां बन सकती थी
सच जान कर भी
मेंने उनके बेटे का
इजत बचाया।
फिर भी करवा रहे
थे वो दूसरी शादी बेटे की।
सच मालूम होने के बाद भी।
कर्तव्य बनता है मेरा एक
और लड़की का जीवन बचाऊ
सब जानकर भी
उसे में कैसे फसाऊ।
हां पत्नी थी
उनके प्रति का
सारा कर्तव्य निभाया।
फिर भी वो
मेरा सम्मान ना कर पाया।
बांझ सिर्फ औरत नहीं होती
अपने पढ़ाई का कुछ इस्तेमाल करिए।
एक इंसान होने का कर्तव्य निभाइए।

41. स्वप्न एक बच्ची का

स्वप्न एक बच्ची का
मेरे जीवन साथी।
होगा कोई मेरा भी
परवाह करेगा सिर्फ मेरा ही।
मेरी खुशी के लिए सबसे लड़ जाएगा।
वो मेरे लिए सब कुछ कर जाएगा।
लाकर देगा चॉकलेट बोहोत सारा।
मुझे अपने साथ मेला घुमाएगा।
उसके यातना में साथ रहूंगी उसके
मैं उसकी परछाई हो जया करूंगी।
खुशियों को बाटेंगे साथ मे
चाहे कोई भी मुश्किल हो
छोड़ेंगे नहीं एक दूसरे का हाथ
सब विपत्तियों से लड़ जाएंगे।
हम एक दूसरे के लिए
कुछ भी कर जाएंगे।
उनकी मां हमारी मां होंगी
और मेरी मां को वो अपनी मां बताइएगा।
मेरा जीवन साथी एसा ही होगा।
बचपना मैं कभी ना छोडूंगी
उम्मीद करती हूं वो समझ पाएगा।
मेरे साथ वो भी बच्चा बन जाएगा।

हम साथ रह कर करेंगे
मदत सबकी
जितना हमसे हो पाएगा।
मेरा जीवन साथी
उम्र भर मेरा साथ निभाएगा।
पर क्या पता वो नन्ही
बच्ची को वो सपना तो
केवल और केवल
सपना बन कर रह जाएगा।
कोई एसा नहीं है
जो उसको समझ पाएगा।
कोई उसका साथ
नहीं निभा पाएगा
उस बच्ची का स्वप्न
स्वप्न बनकर रह जाएगा।

42. यशोदा मइया

यशोदा मइया
जहां बात मां की आती
लोगों के दिमाग में
हमारी जन्म देने वाली
मां याद आ जाती है ।
शायद सब यशोदा
मइया को भूल जाते है ।
कान्हा का लगाव वैसे तो
दोनों माओं से ज्यादा था।
किन्तु यशोदा मईया से उनका
लगाव हमेशा विशेष था।
क्यूं ना हो उन्होंने
उन्हें पाला जो था।
और बोहोत कुछ
सिखाया भी था।
मां देवकी ने जन्म दिया।
मां यशोदा ने उन्हें पाल पोस कर
बड़ा किया उन्हें ज्ञान दिया।
ज्ञानी तो थे कान्हा किन्तु
एक मां अपने बच्चों को जैसे
देती है बस वैसे ही दिया।
सबको नसीब नहीं

होती मां यशोदा
जैसे एक मां यशोदा
हमे मिली।
उनका हमसे कोई
पिछले जन्म का नाता
रहा होगा जो हमसे मुलाकात हुई।
कान्हा की कृपा भी हुई
बातें खास नहीं होती
बस कुछ पल के लिए
मैं उनके पास होती ।
रिश्ता प्रेम का था ।
हमारे लिए बोहोत खास था।
मां सा प्रेम करती वो हमे
हर बात के लिए प्रोत्साहित करती हमें।
हमें बोहोत कुछ सिखाया है।
हमारे जीवन को खुशी
की ऑर बढ़ाया भी है।
जैसे मां यशोदा करती थी
अपने लल्ला से
वैसे ही प्रेम हमे मिला
है हमारी जीजी मईया से।
जो अनजान थी
अब दिल की धड़कन हो गई।
दीदी से वो हमारी यशोदा मईया हो गई।
अब रिश्ता कुछ ऐसा है
कोई मांग ले सब कुछ हमसे
बस ना मांगे जो रिश्ता मां से है।

काश करते सब प्रेम
बिन मतलब व स्वार्थ के।
परम आनंद होता है
इनके प्रेम के एहसास से।
एक बार कीजिए प्रेम
पवित्रता अपने आप हो जाएगी।
परम आनंद के सफर में
आपकी भी शुरुआत हो जाएगी।
प्यारी मां सताक्षी आपके लिए
मईया व सब कुछ है आप हमारे लिए।

43. सुना करते थे

सुना करते थे
दुनिया बोहोत है बड़ी।
हम सोचे आपत काल में
हो जाएगी हमारे साथ खड़ी।
शुरू किए जब हम चलना
रास्ते में अल्बेले को पाया।
आंखो से आंसू निकाल
उसे बिल्कुल बेसहारा पाया।
कुछ देर खड़े होकर देखा
एक व्यक्ति उसके पास आया।
क्यूं रो रहा वो
पूछने के अलावा
मेरी वस्तु कहां है
यह जानकारी निकलते पाया।
जब वह चला गया
हमने अलबेले को
क्या हुआ पूछा।
उस रोते व्यक्ति ने हमें
बड़े आश्चरय होकर देखा।
बोला मतलबी दुनिया में कोई
अपना होकर पूछ रहा।
यहां कोई अब

अपना कहां से होगा।
बोहोत से लोग ऐसे मिले
जो अकेले तन्हा थे।
शायद अपना बोहोत कुछ
उन्होंने खोए थे।
यह सब देख
संताप हमें भी हुआ।
आंखो से आंसू हमारा
भी छलक गया।
हम भी अकेले हो गए
वेदना से पूरे घिर गए।
देखकर मतलबी दुनिया
हमारा दिल पूरी तरह भर आया।
वादे करते है तकलीफ हो
तुम्हे कुछ हमें बताना।
जब कोशिश किया बताने का
तो हमें कुछ काम है का बहाना बनाया।
जो कहते है साथ है
इन्होंने ही तो सबको रुलाया।
अंधेरे में रहने लगे हम
उजाला भाता ना था।
कुछ कर लेते यह
भी दिल सोच रहा था।
आया एक हाथ मुरली के साथ
वह हाथों का वर्णन जितना करे कम था।
जिन्होंने हमे हाथ दिया
हमें देख उनका आंख भी नम था।

माधुरी उनकी स्वर में
उच्चार कर रहे।
तुम क्यूं रोती हो
हम तुम्हारे साथ ही तो चल रहे।
अब मानो यह बात सुन
भूल गए दुख सारे।
चरणों को देख कर
ख़ुदको समर्पित
कर आए।
अब कोई संताप नहीं
दुख ने साथ छोड़ दिया।
जबसे जीवन भर के लिए
कन्हैया ने हमसे रिश्ता जोड़ दिया।
अब बेवजह मुस्कुराने लगे।
कल की चिंता से मुक्त होने लगे।
जितना अवलंब आप किसी व्यक्ति
पर करते है उतना आपक कृष्ण पर कीजिए।
अपनी खुशियों का मार्ग आप खुद चुनिए।

44. सुदामा गरीब ब्राह्मण

सुदामा गरीब ब्राह्मण
ज्यादा तो नहीं जानती।
किन्तु जितना पता
उस बात से जन को
संकेत देना चाहती।
मित्र कृष्ण के
भक्ति के रस में डूबे रहते।
जो कुछ भी मिले कृष्ण को
धन्यवाद् देते रहते।
जितना होता उस अन्न को
प्रभु की देन समझते।
श्री कृष्ण के सिवा
किसी और को न भजते।
अपने ब्राह्मण होने
का कर्तव्य अच्छे से निभाते।
जितना मिले उसे
खुशी से बांट कर खाते।
राजा होकर भी
कृष्ण अपनी मित्रता निभाते।
जो खाना सुदामा न खाए।
तो कृष्ण भी
उस दिन भीग ना लगाते।

आज के युग में
लोग कितना भी
कुछ पा ले किन्तु
संतुष्ट ना होते।
कितना भी मिल जाए
भगवान को कोसते रहते।
एक तरफ खाना पचाने की
दवा लेते और
एक तरफ गरीब कई दिन तक
कुछ खाए बगैर सोते।

45. सुन री सखी प्यारी

सुन री सखी प्यारी
प्रतीत होता है जैसे कान्हा आवत इस ओर है।
माखन चुराएगा
हमारा कान्हा तो माखन चोर है।
हम रंगे हाथ
पकड़ लेंगे।
आएगा जब वह
उसे खूब नचाएंगे।
छुपा कर बाल सखा संग
तोड़ेगो जब वह मटकी
हम मां यशोदा से शिकायत लागावेंगे।
एक बात बताऊं तोहे
ईर्षा होत मोहे
पुत्र क्यों मेरा नहीं हुआ।
मेरे आंगन में वो
बड़ा क्यूं ना हुआ।
जब जाऊं बेचैन मही
स्मृति होती मोहे कृष्ण की होती है।
महि बेचने के स्थान पर कृष्ण
लेलो की पुकार हो जाती है ।
न जाने कोनसो लीला करत है
वो छलिया जो मन को हर ले जाता है।

गोकुल नागरी में
वो सबको अपना सा लग जाता है।

46. टूटने से डरोगे

टूटने से डरोगे
तो कुछ बनोगे कैसे।
बिखरने जाएंगे सोचोगे
तो फिर सवरोगे कैसे।
कोशिश करोगे ही नहीं
तो तूफान कितना बड़ा है
जानोगे कैसे।
एक बार तूफान में
जाने की कोशिश तो करो।
अपने आपको परखने की
कोशिश तो करो।
क्या हुआ टूट जाओगे तो
क्या फिर बन नहीं पाओगे।
टूटी वस्तुओं का मोल बढ़ जाता
जब ख़ुदको नया बना लोगे।
हर कोई टूटता है
हर कोई बिखरता है
इस विश्व में एसा कोई नहीं
जो कभी टूटता ही नहीं।
हर कोई ख़ुदको नव निर्माण में लगाता है।
अपनी दुर्बलता को
अपना साहस बनोओ।

अपनी मुश्किल को
आसान कर जाओ।
हारने से क्या होगा
जितने कि कोशिश
तो करके दिखाओ।
प्रयास करके दुखी हो सकते हो
परन्तु नहीं करोगे तो
पूरा जीवन खुद को कोसते रह जाओगे।
प्रयास करने से तो खुदकी
क्षमता बढ़ाओगे।
उठो चलो नई शुरुवात करे
हारने का वियोग नहीं।
ख़ुदको नवनिर्माण करे।
दुनिया दिखाएगी नीचा तुम्हे
चाहे कितना ऊपर उठ जाओगे।
दुनिया की नज़रों में ना सही
खुद की नजर में तो काबिल बन जाओगे।

47. मृदु कर्तलों में चूड़ियां

मृदु कर्तलों में चूड़ियां
हरी हरसिंगार करलू।
श्रावण मास की शोभा
बना कृष्ण तेरे नाम का सोमवार करलु।
नित्य अहन् कुंवारियों ने शिव की पूजा की
सुर्ख हथेली हेना सजाई।
कृष्ण तेरे नाम से मैं भी
अपने हथेली पर हीना से कृष्ण लिख लु।
मंदिर जाकर शिव जी से
अपने लिए हे मनोहर प्रेम तेरा पलू।
हे कृष्ण तेरा नाम
मैं शिव जी को भी बता दू।
मेरा प्रेम तुम से है
बात शंकर जी से यही कर दू।
गौरी जी से मैं
विनती हजार कर लु।
हर जन्म मिले
श्याम प्रेम तेरा उनसे यह पुकार कर लु।

48. हे उधो जी

हे उधो जी
हम ठहरी गवार गोपियां
हमको कागज की भाषा कहां आएगी।
हमे तो यह कागज में
श्याम की छवि दिखती जो हमे देख प्रेम से मुस्काती।
मन धिर ना धरे
हमारा कान्हा कब आएगा।
किस पल हमारी वियोग
की वेदना को तृप्त कर जाएगा।
वचन करके भूल गया हमे
राज मेहलो की शान में खो गया।
अब गोकुल को क्यूं याद करेगा
वो बड़े महलों की शान में को गया।
दासियों से घिरा
हमारी स्मृति होगी क्या उससे।
कितनी ही दासियां रहती
होंगी उसके आगे पीछे।
हम तो आज भी उसी राह पर
बैठ राह उनकी तक रहे।
ना जाने क्यूं कान्हा यह बात
क्यूं नहीं समझ रहे।
बोल गया वो कार्य पूरा होते आ जाऊंगा।

उसके पश्तात तुमको छोड़
कहीं भी ना जाऊंगा।
एसा कौनसा कार्य है
जो अब तक पूरा ना हुआ।
क्या कान्हा को हमारा वचन
याद ना रहा।
मत समझो उधों जी
यह ज्ञान की बाते।
हम तो बस जाने कान्हा
संग अपनी प्रेम भरी मुलाकातें।
जाकर कह दो उनसे
वो शीघ्र आए मिलने हमसे।
मिलना हो ना सही
भूलने का संदेश ना भिजवाए किसी से।
हमे हमारी विरह वेदना प्यारी।
यह ज्ञान की बातों से हमारी प्रेम की बातें न्यारी।
परम आनंद अनुभव है
संसार कहता प्रेम रोग।
हे ऊधों जी आप भी लगा लो
इससे यह तो होता है संजोग।

49. आज जगमगाहट है आंगन में

आज जगमगाहट है आंगन में
शहनाइयों की धुन में सहपरिवार डूबा है।
परिजन खुशियां मना रहे है
बच्चे नाच गा रहे है
सबके चेहरों पर खुशियों की मुस्कुराहट है
माता पिता की आंखो में भी
खुशी के अशू छलक रहे है
कुछ जुदा होने का दर्द
कुछ बेटी का घर बसने की खुशी।
हर तरफ बस जगमगाहट है
किन्तु हमारे चेहरे पर वो खुशी नहीं है।
झुकी नजर है
करतल सुर्ख मेहंदी से सजी है ।
कोई आने वाला है ले जाने
बबूल के आंगन से पिया के
आंगन तक का सफर आसान नहीं है।
मैं अल्हड़ सी लड़की
बबूल के आंगन की कली रही।
जब अस्वस्थ थे माता पिता
तब उनके संग रही।

सबकी खुशी देख अच्छा लग रहा।
किन्तु हमारी खुशी किस में
यह कोई क्यूं नहीं पूछ रहा?
मन बेचैन है
अब पराई कहलाने का डर है।
कभी जरूरत हुई
हमारी दुनिया हमारे माता पिता को
तो आज्ञा पिया की लेने का डर है।
जब मन चाहा आऊ पास उनके
किन्तु मोहताज अब हम ससुराल के फैसले की हो गए।
भाई से मिलना है
राखी पर मिलने ना दिया बस इस बात का भय है।

Ywg.official

Young Writers Group (YWG.OFFICIAL) is an organisation which is working to help writers in showcasing their work in front of vast number of readers . We offers a budget friendly packages to our writers. We are working as a writer's helping society. You can have a talk with us regarding publishing your book on our instagram :@YWG.OFFICIAL

Or you can drop your mail on ywg.co.in@gmail.com

Else you can also contact us on following numbers

Akash: 7404390981

Aashika: 9634644516

Address:- Sng Dusad Garden, 1/2/3, New Sanganer Rd, Devi Nagar, Shyam Nagar, Jaipur, Rajasthan 302019

February 2023 edition

Ingram Content Group UK Ltd.
Milton Keynes UK
UKHW010637270723
425883UK00001B/10

9 798888 699195